BEI GRIN MACHT SICH IHR WISSEN BEZAHLT

- Wir veröffentlichen Ihre Hausarbeit,
  Bachelor- und Masterarbeit

- Ihr eigenes eBook und Buch -
  weltweit in allen wichtigen Shops

- Verdienen Sie an jedem Verkauf

Jetzt bei www.GRIN.com hochladen
und kostenlos publizieren

Bibliografische Information der Deutschen Nationalbibliothek:

Die Deutsche Bibliothek verzeichnet diese Publikation in der Deutschen National-bibliografie; detaillierte bibliografische Daten sind im Internet über http://dnb.d-nb.de/ abrufbar.

Impressum:

Copyright © 2019 GRIN Verlag
Druck und Bindung: Books on Demand GmbH, Norderstedt Germany
ISBN: 9783668968981

Dieses Buch bei GRIN:

https://www.grin.com/document/489350

Marlin Pletz

Sozialdemokratische Partei Deutschlands (k)eine Volkspartei?

GRIN Verlag

GRIN - Your knowledge has value

Der GRIN Verlag publiziert seit 1998 wissenschaftliche Arbeiten von Studenten, Hochschullehrern und anderen Akademikern als eBook und gedrucktes Buch. Die Verlagswebsite www.grin.com ist die ideale Plattform zur Veröffentlichung von Hausarbeiten, Abschlussarbeiten, wissenschaftlichen Aufsätzen, Dissertationen und Fachbüchern.

Besuchen Sie uns im Internet:

http://www.grin.com/

http://www.facebook.com/grincom

http://www.twitter.com/grin_com

Niklas-Luhmann-Gymnasium

Facharbeit

Sozialdemokratische Partei Deutschlands

(k)eine Volkspartei?

Verfasser:	**Marlin Pletz**
Kurs:	Leistungskurs Sozialwissenschaften
Abgabetermin:	22.03.2019

Inhaltsverzeichnis

1 Einleitung

In letzter Zeit liest man immer wieder in verschiedensten Medien Artikel mit Titeln wie: „Warum der Untergang der SPD nicht mehr aufzuhalten ist" [1], „Sechs Gründe für den Niedergang: Darum ist die SPD keine Volkspartei mehr" [2], oder „SPD – Wenn eine Volkspartei nicht mehr gebraucht wird" [3]. Doch wie wahr sind diese Titel? Dienen sie nur zum „Click-Baiting", oder stimmt, was sie ausdrücken und die SPD ist keine Volkspartei mehr?

Häufig wird die SPD als die älteste noch bestehende deutsche Partei bezeichnet. Einst war sie die Stimme der Arbeiter und Armen, eines gesamten Volkes. Doch wie steht es heute um die SPD? Ist sie immer noch eine Volkspartei?

In meiner Facharbeit werde ich mich mit dieser Frage beschäftigen. Um letztendlich ein Fazit zu ziehen und eine Antwort auf diese Frage zu geben, werde ich abwägen was für und was gegen die SPD als Volkspartei spricht.

Zuerst werde ich mich kurz mit der Geschichte der SPD befassen, um ihre Entwicklung und ihre ehemalige Bedeutung darzustellen. Dann werde ich den Begriff Volkspartei definieren, um Kriterien für eine abschließende Beurteilung zu schaffen. Nachfolgend werde ich zuerst Gründe aufführen, warum die SPD eine Volkspartei ist, danach Gründe, die gegen diese Behauptung sprechen. Zuletzt werde ich ein abschließendes Fazit ziehen und versuchen ein Urteil zu fällen.

---

[1] https://www.stern.de/politik/deutschland/spd--warum-der-untergang-der-sozialdemokraten-nicht-aufzu-halten-ist-8414982.html
[2] https://www.stern.de/politik/deutschland/beispielloser-spd-absturz--darum-ist-die-spd-keine-volkspartei-mehr-8398668.html
[3] https://www.cicero.de/innenpolitik/spd-volkspartei-ueberfluessig-sozialdemokratie-cdu-afd

2 Die Geschichte der SPD

Der Allgemeine Deutsche Arbeiterverein, einer der beiden Vorläufer der späteren SPD, wurde im Jahre 1863 von Ferdinand Lassalle gegründet. 1869 wurde die Sozialdemokratische Arbeiterpartei von August Bebel und Wilhelm Liebknecht gegründet, welche sich dann mit dem Allgemeinen Deutschen Arbeiterverein 1875 in Gotha zur Sozialistischen Arbeiterpartei Deutschlands zusammenschloss. Nachdem im Jahre 1890 das Sozialistengesetz, das stark durch Otto von Bismarck geprägt worden war, verabschiedet wurde, benannte sich die SAP zur Sozialdemokratischen Partei Deutschlands um.[4]

Das ein Jahr später verabschiedete Erfurter Programm war das erste Parteiprogramm der SPD. Dieses orientierte sich stark am Marxismus, einer Gesellschaftslehre, die das Ziel einer klassenlosen Gesellschaft hat und von Karl Marx und Friedrich Engels entworfen wurde. Vor allem die Nähe zu den Gewerkschaften und den Arbeitern prägte die SPD in der frühen Zeit nach ihrer Gründung.[5]

In den folgenden Jahren wurde die SPD verfolgt und unterdrückt, wie zum Beispiel durch das Sozialistengesetz. Dies ist vor Allem Otto von Bismarck zuzuschreiben, der einer der größten Gegner der SPD war, da er in ihr eine Gefahr für die konstitutionelle Monarchie sah. Trotz der Auseinandersetzungen gewann sie mehr Einfluss, was darauf zurück zu führen war, dass die SPD der Arbeitergesellschaft, welche in dieser Zeit die größte gesellschaftliche Gruppe war, sehr nah stand und sich auch für diese einsetzte. Bei der Reichstagwahl 1912 kam die SPD auf 34,8 Prozent der Stimmen und war somit die größte Fraktion im Reichstag. Im Jahr 1914 überschritt die Mitgliederzahl erstmals die Millionen Marke.[6]

Während des Ersten Weltkrieges gab es innerhalb der SPD Auseinandersetzungen hinsichtlich von Kriegskrediten. Aufgrund dieser Auseinandersetzungen spaltete sich eine Gruppe um den Parteivorsitzenden Hugo Haase ab und gründete die Unabhängige Sozialdemokratische Partei Deutschlands. Aus dieser ging später die Kommunistische Partei Deutschlands hervor.

Nach dem ersten Weltkrieg stellte die SPD den ersten Reichspräsidenten der Weimarer Republik. Jedoch konnte sie sich nicht lange an der Macht halten und ging 1922 wieder in die Opposition.[7]

---

[4] http://www.bpb.de/politik/grundfragen/parteien-in-deutschland/spd/42082/geschichte
[5] https://www.vorwaerts.de/artikel/neue-kurs-spd-erfurter-programm-1891
[6] https://www.dhm.de/lemo/kapitel/kaiserreich/innenpolitik/sozialdemokratische-partei-deutschlands-spd.html
[7] https://www.welt.de/geschichte/article134928941/Die-Kriegskredite-spalteten-die-SPD.html

1933 stimmte die SPD geschlossen, aber erfolglos, gegen das Ermächtigungsgesetz, welches Adolf Hitler vollkommen die gesetzgebende Gewalt übertrug. Während der Zeit des Nationalsozialismus wurde die SPD verboten und ihre Funktionäre verfolgt. Trotzdem blieben die meisten Mitglieder der SPD gegen die nationalsozialistische Ideologie resistent.[8]

Nachdem der zweite Weltkrieg vorbei war, wurden in der DDR die SPD und die KPD zwangsvereinigt. Im Westen hingegen wurde die Kommunistische Partei Deutschlands 1956 ganz verboten. Zuerst versuchte die SPD nach ihrer Wiedergründung im Westen an ihrer früheren marxistischen Einstellung festzuhalten. Doch erst nachdem sie den Erfolg der Marktwirtschaft und der westlichen Orientierung anerkannte, gewann sie wieder an Stimmen. Aufgrund der Koalitionsbildung mit der FDP und Willy Brandt als Kanzler herrschte im Jahr 1969 eine Aufbruchsstimmung in der SPD. Viele junge Akademiker wurden Mitglieder und 1972 wurde die SPD stärkste Partei im Bundestag. In den folgenden Jahren standen durch die Wiedervereinigung Deutschlands vor Allem Helmut Kohl und seine CDU im Fokus. Auch durch die Gründung der Grünen verlor die SPD an Mitgliedern. Auch im Osten stieß die SPD auf keine Zustimmung. Das gescheiterte sozialistische System der DDR schreckte viele Bürger ab.[9]

Erst 1998 konnte die SPD mit dem Kanzler Gerhard Schröder und einem Bündnis mit den Grünen an die Regierung zurückkehren. Auch bei der Bundestagswahl 2002 setzte sich die SPD, wenn auch knapp, gegen FDP und CDU/CSU durch. Die Agenda 2010 wurde 2003 vorgestellt. Diese sah Reformen zur Liberalisierung der Wirtschaft vor, die bis 2005 umgesetzt wurden. Bereits zu diesem Zeitpunkt sahen viele Mitglieder der SPD die Agenda 2010 kritisch, da sie einen Sozialabbau beinhaltete.

Nach der vorgezogenen Bundestagswahl 2005 bildete die SPD mit der CDU/CSU eine große Koalition unter der Kanzlerin Angela Merkel. Bei der Bundestagswahl 2009 mit Franz-Walter Steinmeier als Kanzlerkandidat verlor die SPD stark an Stimmen, sodass sie letztendlich in die Opposition ging. Im Jahr 2013 konnte die SPD mit Peer Steinbrück als Kanzlerkandidat ihre Wahlergebnisse wieder leicht steigern, jedoch nicht so stark, dass es für eine Koalition mit den Grünen gereicht hätte. Da der frühere Koalitionspartner der CDU, die FDP nicht genug Stimmen für eine Regierung mit der CDU/CSU hatte, ging die SPD erneut in eine große Koalition mit der CDU/CSU unter Merkel. Bei der letzten Bundestagswahl 2017 erlangte die SPD ihr seither schlechtestes Wahlergebnis mit 20,5% der Stimmen. Obwohl man sich unter Martin Schulz erst einer großen Koalition gegenüber verschloss, einigten CDU/CSU und SPD letztendlich doch auf einen Koalitionsvertrag.[10]

---

[8] https://www.fes.de/hfz/arbeiterbewegung/themen/exil-und-widerstand-im-nationalsozialismus
[9] http://www.bpb.de/politik/hintergrund-aktuell/160682/150-jahre-sozialdemokratie-23-05-2013
[10] http://www.bpb.de/politik/grundfragen/parteien-in-deutschland/spd/42082/geschichte

3 Definition Volkspartei

Der Begriff „Volkspartei" beschreibt einen bestimmten Typ einer Partei. Eine Partei die als Volkspartei bezeichnet wird, hat nicht nur Wähler in einer Bevölkerungsschicht, sondern in allen oder mehreren. Eine Volkspartei möchte eine möglichst große Masse an Bürgern ansprechen und als Wähler gewinnen.[11] Sie geht mit ihrem Programm und ihren vertretenen Positionen nicht nur auf eine Interessengruppe ein, sondern versucht mehrere zu erreichen. Daraus ergibt sich, dass auch die Mitglieder einer Volkspartei aus einer großen Vielzahl von verschiedenen gesellschaftlichen Gruppen stammen.[12]

Zudem sollte eine Volkspartei eine große Anhängerschaft von Wählern und Mitgliedern haben, die die Partei bei Wahlen mit ihrer Stimme unterstützen und diese somit in eine Regierung bringen.[13]

4 Warum die SPD eine Volkspartei ist

Nachdem ich nun den Begriff Volkspartei definiert habe, wende ich mich meiner Argumentation zugunsten der SPD als Volkspartei zu. Im Folgenden werde ich zuerst darauf eingehen, wen die SPD ansprechen will. Danach werde ich mich mit den Plänen der SPD für die Zukunft beschäftigen.

4.1 Wen möchte die SPD ansprechen?

In ihren Gründungstagen war die SPD auf die Interessen und Bedürfnisse der Arbeiter, des „kleinen Mannes" ausgerichtet. Doch wie richtet sich die SPD heute aus? Versucht sie immer noch die Bevölkerungsgruppe der Arbeiter anzusprechen, oder richtet sie sich an eine breitere Interessengruppe, die aus vielen verschieden Bevölkerungsschichten besteht? Um diese Frage zu beantworten, werde ich die Agenda 2010 betrachten. Die Agenda 2010 wurde von 2003 bis 2005 weitestgehend von der rot-grünen Regierung unter Gerhard Schröder umgesetzt.[14]

Sie beinhaltet Änderungen der Wirtschaftspolitik, des Arbeitsmarktes, der Krankenversicherung und der Familienpolitik. Gerhard Schröder sagte in einer Regierungserklärung im März

---

[11] http://www.bpb.de/nachschlagen/lexika/pocket-politik/16586/volkspartei

[12] https://www.bundestag.de/resource/blob/407786/9c8b534bb2224bb083631b21014ca3c4/wd-1-003-14-pdf-data.pdf

[13] https://www.duden.de/rechtschreibung/Volkspartei

[14] https://www.welt.de/newsticker/dpa_nt/afxline/topthemen/hintergruende/article162235517/Agenda-2010-Inhalt-Wirkung-Reformforderungen.html

2013: „Wir werden Leistungen des Staates kürzen, Eigenverantwortung fördern und mehr Eigenleistung von jedem Einzelnen abfordern.". Dieses Zitat beschreit die Agenda 2010 sehr gut. Im Zuge der Agenda 2010 wurden Arbeitslosenhilfe und Sozialhilfe zum heutigen Arbeitslosengeld 2, auch als Hartz 4 bekannt, zusammengelegt. Hierbei wurde die Bezugs-dauer des Arbeitslosengeldes gesenkt und die Gelder für Langzeitarbeitslose auf das Ni-veau der Sozialhilfe gebracht. Mit diesen Maßnahmen soll die Bereitschaft der Arbeitslosen einen neuen Job anzunehmen bestärkt werden.[15]

Da sich die Agenda 2010 vor Allem negativ auf Niedrigverdiener auswirkt, ist hier schon eine gewisse Abwendung der SPD von der Arbeitergruppe und eine Zuneigung zu liberale-ren Ideen zu erkennen, die zu einer Zeit, in der die deutsche Wirtschaft nicht gut lief und der demografische Wandel voranschritt, von Nöten war.

Des Weiteren wirkte sich die Agenda 2010 auf das Rentensystem aus, indem das durch-schnittliche Rentenalter stieg, ein Nachhaltigkeitsfaktor in die Rentenformel eingefügt wurde und die Rente mit 67 eingeführt wurde. Diese Änderungen wirken sich hauptsächlich negativ für die Rentner aus, da nun Altersarmut ein größeres Problem ist. Auch die Einfüh-rung des Nachhaltigkeitsfaktor bewirkte einen nur sehr geringen Anstieg der Rente.[16]

Die Agenda 2010 verursachte also einen Abbau des Sozialstaates und eine Liberalisierung der Wirtschaft. Unter Wirtschaftswissenschaftlern ist umstritten, ob die Agenda 2010 zu un-serer heutigen guten wirtschaftlichen Lage und einem Abbau der Arbeitslosigkeit beigetra-gen hat.

Diese Änderung der Ausrichtung der SPD spricht dafür, dass die SPD eine Volkspartei ist, da sie sich von ihrer einstigen einzigen Wählerschaft der Arbeiter abwandte und sich den Problemen der gesamten Gesellschaft zuwandte.

Auch die stellvertretende Vorsitzende der SPD Malu Dreyer behauptet, dass die SPD immer noch eine Volkspartei sei: „Selbstverständlich ist die SPD eine Volkspartei. Warum? Weil sie nicht nur für eine bestimmte Gruppe von Menschen arbeitet, sondern die gesellschaftli-chen Fragen insgesamt versucht zu beantworten und tatsächlich die Probleme der Gesamt-gesellschaft aufzugreifen."[17]

Man könnte jetzt anmerken, dass die SPD, wenn sie sich von der Arbeitergruppe etwas abwendet und auch versucht andere Bevölkerungsgruppen anzusprechen, nicht mehr alle gesellschaftlichen Gruppen bedient. Dagegen steht aber die Entwicklung in jüngster Zeit, die auch Malu Dreyer beschreibt. Schon Martin Schulz suchte wieder den Kontakt zu den

---

[15] https://www.tagesschau.de/inland/agendazwanzigzehn-hintergrund100.html
[16] https://www.tagesschau.de/inland/agendazwanzigzehn-hintergrund100~_page-3.html
[17] https://www.deutschlandfunk.de/dreyer-spd-zur-lage-der-partei-selbstverstaendlich-ist-die.868.de.html?dram:article_id=436042

Gewerkschaften, den man durch die Agenda 2010 weitestgehend verloren hatte.[18] Das spricht wiederum für die SPD als Volkspartei.

4.2 Zukünftige Entwicklung

Die Zukunft der SPD ist wichtig für die Fragestellung meiner Facharbeit, da laut Angaben der Parteiführung viele Weichen für die Politik der nächsten Jahre gestellt werden müssten. Wenn dies funktioniert und die SPD die richtigen Entscheidungen trifft, könnte sie auch in den nächsten Jahren noch eine Volkspartei sein.

Andrea Nahles, die Parteivorsitzende der SPD sagte bei der Jahresauftaktklausur 2019: „Der gesellschaftliche Zusammenhalt ist vielen Bürgerinnen und Bürgern in Deutschland sehr wichtig, er ist aber vor allem auch Auftrag und Ziel der Sozialdemokratischen Partei". Diese Aussage lässt darauf schließen, dass sich die SPD in den nächsten Jahren wieder darauf konzentrieren möchte, die Gesellschaft zu „vereinen" und somit eine jede Bevölkerungsgruppe ansprechen will.

Zudem möchte sie das Prinzip des Sozialstaates erneuern und dadurch an die heutige Zeit anpassen. Jene Anpassung soll neue Wähler zur SPD bringen und die SPD wieder modern machen. Dieser „moderne" Sozialstaat soll für bessere Löhne, einen höheren Mindestlohn und verschiedene andere Rechte für Arbeitnehmer stehen. Zudem möchte die SPD die Laufzeit des Arbeitslosengeld 1 verlängern und ein Recht auf Qualifizierung einführen. Außerdem soll ein Bürgergeld das Arbeitslosengeld 2 ersetzen. Dieses Bürgergeld soll nicht auf die, die es missbrauchen zugeschnitten sein, sondern auf die, die in einer schwierigen Lebenslage sind und wirklich Hilfe benötigen.[19]

Bis jetzt steht noch nicht fest, wie und ob überhaupt diese Säulen eines neuen Sozialstaates umgesetzt werden können und ob die Visionen der SPD für die Zukunft diese aus ihrer Krise retten können.

---

[18] https://www.tagesspiegel.de/politik/spd-und-gewerkschaften-dgb-chef-hoffmann-zur-agenda-2010-da-muss-vieles-korrigiert-werden/19423248.html
[19] https://www.spd.de/aktuelles/detail/news/zukunft-in-arbeit/11/02/2019/

5 Warum die SPD keine Volkspartei ist

Nachdem ich nun dargestellt habe, warum die SPD eine Volkspartei ist, werde ich mich nun mit den Gründen beschäftigen, die dagegensprechen, dass die SPD eine Volkspartei ist. Dies tue ich, indem ich zuerst die Wahlergebnisse der letzten Jahre und die Beliebtheit der SPD darstelle, dann auf den Wählerkreis der SPD eingehe, die Auswirkung der Großen Koalitionen auf die SPD darstelle und das Problem der SPD mit Führungspositionen beleuchte.

5.1 Wahlergebnisse

Ein weiteres Kriterium für eine Volkspartei ist, wie oben erklärt, eine große Anhängerschaft von Wählern. Im Folgenden Abschnitt werde ich die Wahlergebnisse der Bundestagswahlen und der Landtagswahlen der letzten Jahre untersuchen.

Zuerst beschäftige ich mich mit den Wahlergebnissen der SPD in Bundestagswahlen (siehe M1)

Auffällig ist, dass die Wählerstimmen der SPD seit 1998 in einem Abwärtstrend sind. So verlor die SPD von der Bundestagswahl 2005, in der sie noch 34,2% der Wählerstimmen erlangen konnte, zur Bundestagswahl 2009, in der sie nur noch 23% der Wählerstimmen hatte, 11,2 Prozentpunkte. Dann erreichte sie bei der Bundestagswahl 2013 2,7 Prozentpunkte mehr als in der vorherigen, verlor danach 2017 aber wieder 5,7 Prozentpunkte. Insgesamt verlor die SPD von 1998 mit 40,9% bis 2017 mit 20,5%, also fast die Hälfte ihrer Wähler. Zuvor verlor die SPD von 1980 bis 1990 auch 9,4 Prozentpunkte an Wählerstimmen. Jedoch waren die Stimmen 1990, auch an ihrem Tiefpunkt angekommen und erholten sich bis 1998 wieder. Wenn man nun aber die Entwicklung von 1998 bis 2017 betrachtet, ist es eher unwahrscheinlich, dass die SPD innerhalb weniger Jahre die Hälfte ihrer Wählerstimmen zurückgewinnen kann.

Die Ergebnisse der SPD in den Landtagswahlen werde ich an den Beispielen zweier Bundesländer festmachen. Die Ergebnisse in Bayern sind wie folgt (siehe M2).

Hier ist eine Parallele zum Verlauf der Bundestagswahlen erkennbar. Generell lässt sich sagen, dass die SPD bei den Landtagswahlen in Bayern weniger Stimmen erreicht als in den Bundestagswahlen. Dies ist auf die dominante Stellung der CSU in Bayern zurückzuführen. Aber auch bei den Landtagswahlen gibt es einen generellen Abwärtstrend. Von der Landtagswahl 1990 bis zu jener 1994 stiegen die Wählerstimmen noch um 4 Prozentpunkte. Danach nahmen die Stimmen bis 2008 stetig ab, nämlich von 30% im Jahr 1994 auf 18,6%. Danach nahmen die Stimmen der SPD bei der Landtagswahl 2013 um 2 Prozentpunkte zu, fielen dann aber 2018 auf 9,7%. Diese letzte Veränderung zwischen 2013 und 2018 ist besonders auffällig, da die Wählerstimmen um 10,9 Prozentpunkte, also mehr als die Hälfte abnahmen.

Zuletzt betrachte ich noch die Ergebnisse der Landtagswahlen in NRW (siehe M3).

Auffällig bei den Ergebnissen der SPD bei den Landtagswahlen in Nordrhein-Westfalen ist, dass es bis 1985 einen Aufwärtstrend gab. In diesem Jahr erreichte die SPD dann 52,1% der Wählerstimmen. Danach sank der Anteil bis 2010 stetig. In diesem Jahr erreichte die SPD 34,5% der Stimmen. Somit verlor sie in den 25 Jahren 17,6 Prozentpunkte der Stimmen. 2012 gab es in NRW Neuwahlen, da sich der Landtag aufgrund der Ablehnung des Haushaltsplans auflöste. Hier gewann die SPD 4,6 Prozentpunkte an Wählerstimmen dazu. 2017 verlor die SPD jedoch wieder 7,9 Prozentpunkte und erhielt 31,2% der Stimmen. In dieser Grafik lässt sich klar der Aufstieg der SPD in der Nachkriegszeit und der folgende Abstieg, der bis heute anhält, erkennen.

Abschließen lässt sich sagen, dass der Anteil der Stimmen für die SPD in den letzten 30 Jahren sowohl bei den Bundestagswahlen als auch bei den Landtagswahlen, stetig abnimmt, was darauf schließen lässt, dass die SPD aufgrund einer schwindenden Anhängerschaft keine Volkspartei mehr ist.

5.2 Der Wählerkreis der SPD

Um direkt an das obige Thema anzuschließen, stelle ich mir nun die Frage: Wo sind die SPD-Wähler hin gewechselt? Wer gehört zur Wählerschaft der SPD und wer nicht? Und vor Allem: Wie hat sich die Wählerschaft verändert?

Das Traditionsklientel der SPD sind die Arbeiter. Durch sie gewann die SPD im Deutschen Kaiserreich und später in der Weimarer Republik schnell an Bedeutung. Nach dem zweiten Weltkrieg ließ sich jedoch schon erkennen, dass die SPD die besten Wahlergebnisse erzielte, wenn sie sich nicht nur für die Interessen der Arbeiter einsetzte, sondern diese mit den Interessen der Mittelschicht verband.

Doch im Laufe des 21. Jahrhunderts verlor die SPD viele Wähler in ihrer einstigen Stammwählerschaft der Arbeiter. Dies ist auch auf die Agenda 2010 zurückzuführen, die ich ja schon in einem vorhergehenden Teil genauer beschrieben habe. Bevölkerungsgruppen wie Arbeitslose und Niedrigverdiener wurden von der „Liberalisierung" der SPD abgeschreckt und liefen zu der Partei Die Linken über. Auch die Gewerkschaften distanzierten sich in dieser Zeit stark von der SPD, da sie durch die Umsetzung der Agenda 2010 von der SPD enttäuscht waren, die nun nicht mehr ihre Interessen vertrat.[20] Zu Gründungszeiten der SPD waren die Gewerkschaften stark mit der Partei verbunden, was der SPD eine große

---

[20] https://www.tagesspiegel.de/politik/spd-und-gewerkschaften-dgb-chef-hoffmann-zur-agenda-2010-da-muss-vieles-korrigiert-werden/19423248.html

Wählerschaft einbrachte. Aufgrund dieser Entwicklungen hat die SPD von 1998 bis 2010 ca. 10 Millionen Wähler verloren.

Ein weiterer Grund warum die SPD viele Wähler verliert ist, dass die gesellschaftliche Gruppe der Arbeiter langsam kleiner wird. Der Anteil der „normalen" Arbeiter, die in der Fabrik am Fließband stehen, Eisen gießen oder Maschinenteile zusammensetzen wird immer geringer. In einer digitalisierten Welt, in der Autos von Robotern zusammengesetzt werden, in der der deutsche Bergbau immer unbedeutender wird und in der die Wirtschaft sich immer mehr dem tertiären Sektor zuwendet, gibt es den „normalen" Arbeiter einfach nicht mehr. Natürlich gibt es immer noch Niedrigverdiener, Saisonarbeiter und Leiharbeiter. Von diesen hat sich die SPD, im Zuge der Agenda 2010, jedoch auch immer mehr abgewandt und viele Menschen aus diesen Gruppen wählen Die Linke.

5.3 Die Große Koalition

Im folgenden Teil meiner Facharbeit werde ich mich damit beschäftigen, wie die Großen Koalitionen der letzten Jahre die SPD verändert und ihr wohlmöglich geschadet haben.

Die erste Große Koalition kam 1966 zu Stande, nachdem eine Koalition aus FDP und CDU/CSU gescheitert war. Bundeskanzler der Regierung war Georg Kiesinger von der CDU. Willy Brandt, der spätere Bundeskanzler, nahm in dieser ersten Großen Koalition die Position des Außenministers und Vizekanzlers ein.[21] Obwohl es häufig Differenzen zwischen der SPD und der CDU/CSU gab, konnte die Regierung fast alle ihrer Vorhaben umsetzten. Die Regierung Kiesingers verabschiedete zudem das Stabilitätsgesetz, welches eine nachfrageorientierte Wirtschaft Deutschlands vorsah. Trotz dieser erfolgreichen Regierung wurde die Große Koalition nur als Übergangslösung angesehen.[22]

Die zweite Große Koalition entstand 2005 mit Angela Merkel als Bundeskanzlerin. Besonders geprägt wurde diese Phase der Regierung durch die in 2007 beginnende Weltwirtschaftskrise. Nachdem 2008 die amerikanische Großbank Lehman Brothers zusammenbrach, folgte eine Staatsschuldenkrise. Obwohl die deutsche Regierung mit einer pragmatischen Wirtschaftspolitik antwortete und Deutschland größtenteils verschont blieb, waren die Bürger doch der Krisen überdrüssig, was sich in der für die SPD und auch für die CDU verheerenden Bundestagswahl 2009 wiederspiegelte.[23]

Nachdem die SPD im Jahr 2009 in die Opposition gegangen war, ging sie 2013 erneut eine Große Koalition mit der CDU/CSU ein. Bei der Bundestagswahl 2013 erreichte die SPD nur 25,7% der Stimmen. Angela Merkel wurde erneut Bundeskanzlerin und Siegmar Gabriel

---

[21] http://www.zeitklicks.de/top-menu/zeitstrahl/navigation/topnav/jahr/1966/grosse-koalition-kiesinger-neuer-bundeskanzler/

[22] https://www.dw.com/de/hintergrund-die-gro%C3%9Fe-koalition-1966-1969/a-1741075

[23] http://www.bpb.de/apuz/30273/grosse-koalition-1966-und-2005

Bundeswirtschaftsminister und Vizekanzler. Die SPD konnte viele ihrer Themen im Koalitionsvertrag durchsetzen, wie den Mindestlohn von 8,50€ oder eine Pflegereform.[24]

In der folgenden Bundestagswahl von 2017 gewann die SPD nur 20,5% der Stimmen, welches ihr schlechtestes Ergebnis in einer Bundestagswahl darstellt. Obwohl die SPD nach den Wahlen eine erneute Große Koalition strikt ablehnte, ging sie, nachdem eine Koalition zwischen der FDP, der CDU/CSU und den Grünen gescheitert war, doch wieder dieses Bündnis mit der CDU, unter der Führung von Angela Merkel, ein.[25]

Auffällig ist, dass, 1966 ausgenommen, die SPD nach jeder Großen Koalition in der folgenden Bundestagswahl weiter Stimmen verloren hat. Zwar verlor die CDU nach der Großen Koalition von 2005 in der Bundestagswahl 2009 auch viele Wähler doch die negative Entwicklung der Wahlergebnisse ist bei der SPD noch deutlich stärker. Ein weiterer Aspekt, wie sich die Großen Koalitionen auf die SPD ausgewirkt haben, ist, dass die SPD immer im Hintergrund stand. Immer wenn eine Große Koalition zu Stande kam, stellte die CDU den Bundeskanzler oder die Bundeskanzlerin. Da die Große Koalition schon 1966 in den Augen der Wähler nur eine Übergangslösung war, spielte die SPD auch in den folgenden Koalitionen immer nur den Juniorpartner. Dadurch ging ein Großteil ihres politischen Profils verloren. Zudem rückten CDU und SPD in den Jahren der Großen Koalitionen im 21. Jahrhundert immer näher zusammen. Viele Wähler konnten keinen richtigen Unterschied mehr zwischen SPD und CDU erkennen und da Angela Merkel Kanzlerin war, identifizierte man sich eher mit der CDU als mit der SPD.

Letztendlich hat die SPD durch die Großen Koalitionen der letzten Jahre viel ihres politischen Profils und dadurch auch viele Wählerstimmen und Anhänger verloren.

---

[24] http://www.bpb.de/politik/hintergrund-aktuell/175248/union-und-spd-beschliessen-grosse-koalition-17-12-2013
[25] https://www.zeit.de/politik/deutschland/2018-03/grosse-koalition-union-und-spd-unterschreiben-koalitionsvertrag

6 Fazit

Nachdem ich nun einerseits Argumente, die dafür sprechen, dass die SPD eine Volkspartei ist, aber andererseits auch Argumente, die dagegen sprechen, genannt habe, stellt sich nun immer noch die Frage: Ist die SPD eine Volkspartei? Um diese Frage zu beantworten werde ich ein abschließendes Fazit ziehen und mir ein eigenes Urteil bilden. Hierzu werde ich die am Anfang beschriebenen Kriterien einer Volkspartei verwenden.

Ein wichtiges Kriterium einer Volkspartei ist, dass sie eine gesellschaftsübergreifende heterogene Maße an Wählern anspricht und sich nicht nur auf eine bestimmte Interessensgruppe fokussiert. Zu diesem Gesichtspunkt einer Volkspartei kann man sagen, dass die SPD diesem mehr oder minder entspricht. Entsprungen ist die SPD aus der Arbeiterbewegung im Deutschen Kaiserreich. Diese Schicht der Arbeiter bildeten lange Zeit die Basis der SPD und machten einen Großteil ihrer Wähler und Anhänger aus. Doch mit der Zeit wandte sich die SPD immer mehr auch anderen gesellschaftlichen Gruppen zu, wie zum Beispiel der nach Wohlstand strebenden Mittelschicht. Im Rahmen der Agenda 2010 wandte sich die SPD einem liberaleren Publikum zu, verlor jedoch dabei auch einen Großteil ihrer Basis, die mit dieser Entwicklung unzufrieden war. Somit hat die SPD gewissermaßen ihr Klientel auf weitere gesellschaftliche Gruppen ausgeweitet und sich etwas von ihren ursprünglichen Anhängern, den Arbeitern, distanziert. In neuster Zeit versucht die SPD jedoch wieder etwas näher an die Gruppe der Arbeiter heranzurücken. So möchte die SPD unter der Führung von Andrea Nahles einen „Neuen Sozialstaat für eine neue Zeit" schaffen. Die Ideen dieses neuen Sozialstaates orientieren sich wieder mehr an den ursprünglichen sozialdemokratischen Zielen, wie Leistungsgerechtigkeit. Jedoch ist ein großes Problem der SPD, dass sie auch, wenn sie versucht sich auf ein möglichst großes Spektrum in der Bevölkerung auszurichten, dies praktisch nicht mehr schafft, was sich auch in den Wahlergebnissen widerspiegelt.

Das führt auch direkt zum zweiten wichtigen Kriterium einer Volkspartei: Eine große Anhängerschaft.

Die SPD hat, wie im vorangegangen Argumentationsteil analysiert, über die Jahre ab 1998 immer weiter Stimmen und Anhänger verloren. Somit konnte sie 1998 noch 40,9% der Wählerstimmen für sich gewinnen, 2017 jedoch nur noch 20,5%. Das heißt die Stimmen für die SPD in Bundestagswahlen haben in 19 Jahren fast exakt um die Hälfte abgenommen. Ähnlich ist die Lage in den Bundesländern. Bei den Landtagswahlen in Bayern, in der die SPD generell schon keine große Anhängerschaft hat, haben sich die Wählerstimmen von ihrem Höchstpunkt im Jahre 1994 mit 30%, bis 2018 mit 9,7%, um ca. 2/3 verschlechtert. Das Wahlergebnis in Bayern von 2018 war das schlechteste, was die SPD jemals erzielt hat.

Auch in einem Bundesland wie Nordrhein-Westfalen, in dem die SPD immer sehr stark vertreten war und oft regiert hat, haben sich die Wahlergebnisse von 1985 bis 2017 um 20,9 Prozentpunkte verschlechtert. Diese Zahlen sprechen ganz klar dafür, dass die SPD über die Jahre sehr viele Anhänger und Wähler verloren hat. Die Ursachen für diesen Verlust spiegeln sich in der Agenda 2010, der großen Koalition und der gesellschaftlichen Entwicklung Deutschlands wieder. Durch die große Koalition hat die SPD viel politisches Profil verloren, sie steht nicht mehr für ihre Werte ein und hat keinen konkreten Standpunkt. Durch die Agenda 2010 verlor sie viele Anhänger, die mit den Maßnahmen der Agenda unzufrieden waren. Die neuen liberalen Wähler, die die SPD hätte dazu gewinnen können, wählen jedoch weiter CDU, da diese für dieselben liberalen Werte steht und trotzdem für diese Wähler ansprechender als die SPD ist. Und durch die Entwicklungen in der Gesellschaft gibt es den typischen Arbeiter, der einmal einen überwiegenden Teil der Wählerschaft der SPD ausgemacht hat, nicht mehr.

Abschließend ist meine Meinung, dass die SPD zwar immer noch einen großen Teil der Gesellschaft ansprechen will, dies jedoch nicht schafft. Zudem hat die SPD über die Jahre hinweg die Hälfte ihrer Anhänger verloren. Dementsprechend ist die SPD meiner Ansicht nach, keine Volkspartei mehr.

7 Literaturverzeichnis

Antachopoulos, D. (10. Oktober 2005). Hintergrund: Die große Koalition 1966-1969. (dw, Hrsg.) Abgerufen am 19. 03. 2019 von https://www.dw.com/de/hintergrund-die-gro%C3%9Fe-koalition-1966-1969/a-1741075

Asmuss, B. (08. Juni 2011). Die Sozialdemokratische Partei Deutschlands (SPD). (Lemo, Hrsg.) Abgerufen am 06. 03. 2019 von https://www.dhm.de/lemo/kapitel/kaiserreich/innenpolitik/sozialdemokratische-partei-deutschlands-spd.html

Baars, D. (02. Dezember 2014). Die Kriegskredite spalteten die SPD. (Welt, Hrsg.) Abgerufen am 06. 03. 2019 von https://www.welt.de/geschichte/article134928941/Die-Kriegskredite-spalteten-die-SPD.html

Decker, F. (16. Juli 2018). Etappen der Parteigeschichte der SPD. (bpb, Hrsg.) Abgerufen am 6. 03. 2019 von http://www.bpb.de/politik/grundfragen/parteien-in-deutschland/spd/42082/geschichte

Decker, F. (16. Juli 2018). Etappen der Parteigeschichte der SPD. (bpb, Hrsg.) Abgerufen am 06. 03. 2019 von http://www.bpb.de/politik/grundfragen/parteien-in-deutschland/spd/42082/geschichte

Dittberner, J. (20. August 2017). Große Koalition: 1966 und 2005. (bpb, Hrsg.) Abgerufen am 19. 03. 2019 von http://www.bpb.de/apuz/30273/grosse-koalition-1966-und-2005

Eubel, C. (21. Februar 2017). DGB-Chef Hoffmann zur Agenda 2010: "Da muss vieles korrigiert werden". (D. Tagesspiegel, Hrsg.) Abgerufen am 16. 03. 2019 von https://www.tagesspiegel.de/politik/spd-und-gewerkschaften-dgb-chef-hoffmann-zur-agenda-2010-da-muss-vieles-korrigiert-werden/19423248.html

Grahn, U. (15. Mai 2017). Der Absturz der SPD. (statista, Hrsg.) Abgerufen am 19. 03. 2019 von https://de.statista.com/infografik/9380/der-absturz-der-spd/

Horsmann, T. (20. Oktober 2016). Der neue Kurs der SPD im Erfurter Programm von 1891. (vorwärts, Hrsg.) Abgerufen am 06. 03. 2019 von https://www.vorwaerts.de/artikel/neue-kurs-spd-erfurter-programm-1891

Hoß, D. (14. Oktober 2018). Sechs Gründe für den Niedergang: Darum ist die SPD keine Volkspartei mehr. (Stern, Hrsg.) Abgerufen am 17. 03. 2019 von https://www.stern.de/politik/deutschland/beispielloser-spd-absturz--darum-ist-die-spd-keine-volkspartei-mehr-8398668.html

Kissler, A. (15. Februar 2018). Wenn eine Volkspartei nicht mehr gebraucht wird. (Cicero, Hrsg.) Abgerufen am 17. 03. 2019 von https://www.cicero.de/innenpolitik/spd-volkspartei-ueberfluessig-sozialdemokratie-cdu-afd

Ohne Verfasser. (23. Mai 2013). 150 Jahre Sozialdemokratie. (bpb, Hrsg.) Abgerufen am 06. 03. 2019 von http://www.bpb.de/politik/hintergrund-aktuell/160682/150-jahre-sozialdemokratie-23-05-2013

Ohne Verfasser. (17. Dezember 2013). Union und SPD beschließen Große Koalition. (bpb, Hrsg.) Abgerufen am 19. 03. 2019 von http://www.bpb.de/politik/hintergrund-aktuell/175248/union-und-spd-beschliessen-grosse-koalition-17-12-2013

Ohne Verfasser. (14. Januar 2014). Volksparteien – Begriffsbestimmung und interne Entscheidungsabläufe. (Bundestag, Hrsg.) Abgerufen am 08. 03. 2019 von https://www.bundestag.de/resource/blob/407786/9c8b534bb2224bb083631b21014ca3c4/wd-1-003-14-pdf-data.pdf

Ohne Verfasser. (22. Februar 2017). Agenda 2010 - Inhalt, Wirkung, Reformforderungen. (Welt, Hrsg.) Abgerufen am 08. 03. 2019 von https://www.welt.de/newsticker/dpa_nt/afxline/topthemen/hintergruende/article162235517/Agenda-2010-Inhalt-Wirkung-Reformforderungen.html

Ohne Verfasser. (24. Oktober 2018). Ergebnis der Landtagswahl in Bayern 2018. (landtagswahl.bayern, Hrsg.) Abgerufen am 19. 03. 2019 von https://www.landtagswahl.bayern/ergebnis/

Ohne Verfasser. (12. März 2018). Union und SPD unterschreiben Koalitionsvertrag. (Zeit, Hrsg.) Abgerufen am 19. 03. 2019 von https://www.zeit.de/politik/deutschland/2018-03/grosse-koalition-union-und-spd-unterschreiben-koalitionsvertrag

Ohne Verfasser. (18. März 2019). Bundestagswahl 2021: Umfragen, Parteien und mögliche Koalitionen. (B. 2021, Hrsg.) Abgerufen am 19. 03. 2019 von https://www.bundestagswahl-2021.de/category/2021/

Ohne Verfasser. (11. Februar 2019). Zukunft in Arbeit. (SPD, Hrsg.) Abgerufen am 16. 03. 2019 von https://www.spd.de/aktuelles/detail/news/zukunft-in-arbeit/11/02/2019/

Ohne Verfasser. (Ohne Datum). Große Koalition – Kiesinger neuer Bundeskanzler. (Zeitklicks, Hrsg.) Abgerufen am 19. 03. 2019 von http://www.zeitklicks.de/top-menu/zeitstrahl/navigation/topnav/jahr/1966/grosse-koalition-kiesinger-neuer-bundeskanzler/

Ohne Verfasser. (Ohne Datum). Volkspartei. (bpb, Hrsg.) Abgerufen am 08. 03. 2019 von

http://www.bpb.de/nachschlagen/lexika/pocket-politik/16586/volkspartei

Ohne Verfasser. (Ohne Datum). Volkspartei. (Duden, Hrsg.) Abgerufen am 08. 03. 2019 von

https://www.duden.de/rechtschreibung/Volkspartei

Ohne Verfasser. (Ohne Datum). Widerstand, Opposition und Exil im Nationalsozialismus.

Abgerufen am 06. 03. 2019 von https://www.fes.de/hfz/arbeiterbewegung/themen/exil-

und-widerstand-im-nationalsozialismus

Pretz, F. (7. April 2013). Eine Reform mit Wirkungen und Nebenwirkungen. (tagesschau, Hrsg.)

Abgerufen am 16. 03. 2019 von https://www.tagesschau.de/inland/agendazwanzigzehn-

hintergrund100.html

Pretz, F. (07. April 2013). Eine Reform mit Wirkungen und Nebenwirkungen. (Tagesschau, Hrsg.)

Abgerufen am 16. 03. 2019 von https://www.tagesschau.de/inland/agendazwanzigzehn-

hintergrund100~_page-3.html

Rehage, R. (26. Oktober 2018). Warum der Untergang der SPD nicht mehr aufzuhalten ist. (Stern,

Hrsg.) Abgerufen am 15. 03. 2019 von https://www.stern.de/politik/deutschland/spd--

warum-der-untergang-der-sozialdemokraten-nicht-aufzuhalten-ist-8414982.html

Wenzien, B. (16. Dezember 2018). „Selbstverständlich ist die SPD eine Volkspartei".

(deutschlandfunk, Hrsg.) Abgerufen am 16. April 2019 von

https://www.deutschlandfunk.de/dreyer-spd-zur-lage-der-partei-selbstverstaendlich-ist-

die.868.de.html?dram:article_id=436042

9 Anlagen

M1

Wahlergebnisse der SPD bei Bundestagswahlen seit 1980

26

M2

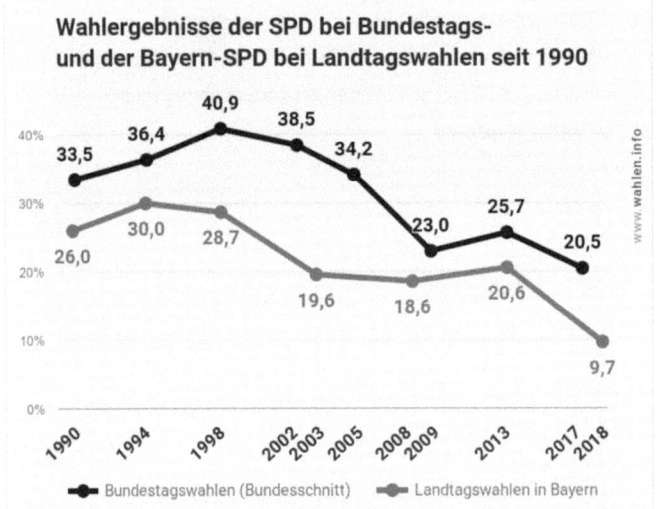

Wahlergebnisse der SPD bei Bundestags- und der Bayern-SPD bei Landtagswahlen seit 1990

27

26 https://www.bundestagswahl-2021.de/category/2021/
27 https://www.landtagswahl.bayern/ergebnis/

M3

Der Absturz der SPD

Stimmenanteil der SPD in Nordrhein-Westfalen in %

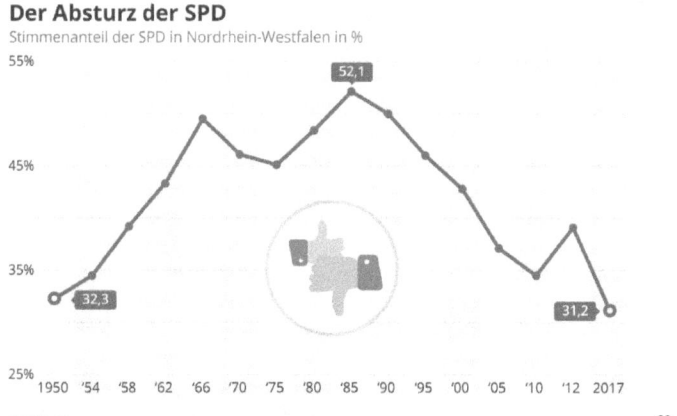

statista 🅕 [28]

---

[28] https://de.statista.com/infografik/9380/der-absturz-der-spd/